The Silent Princess and Other Stories: Bilingual Spanish-English Stories for Kids

Artici Kids

Published by Artici Kids, 2024.

While every precaution has been taken in the preparation of this book, the publisher assumes no responsibility for errors or omissions, or for damages resulting from the use of the information contained herein.

THE SILENT PRINCESS AND OTHER STORIES: BILINGUAL SPANISH-ENGLISH STORIES FOR KIDS

First edition. June 1, 2024.

Copyright © 2024 Artici Kids.

ISBN: 979-8227849861

Written by Artici Kids.

Table of Contents

La Maravillosa Panadería Travesura

ÉRASE UNA VEZ, EN UN pintoresco pueblo llamado Bumbleton, había una panadería como ninguna otra. Se llamaba "La Maravillosa Panadería Travesura". Dirigida por el excéntrico Sr. Jumble y su esponjoso gato, Sprinkles, esta panadería era famosa por sus extraordinarias delicias que hacían mucho más que deleitar el paladar.

El Sr. Jumble no era un panadero común. Con un brillo en sus ojos y un sombrero de copa precariamente inclinado sobre su cabeza, tenía un talento especial para crear pasteles que podían realizar las hazañas más mágicas. ¿Su secreto? Una pizca de polvo de encantamiento que había heredado de su abuela, conocida por todos como la mejor hechicera de su tiempo.

Cada mañana, los habitantes de Bumbleton esperaban ansiosos el momento en que el Sr. Jumble abriría las puertas de su panadería. Los niños se reunían afuera, con las narices pegadas a la ventana, mirando para ver qué maravillosas sorpresas les esperaban.

Una fresca mañana de otoño, el Sr. Jumble decidió que era el día perfecto para hornear sus famosos Bollos de Risa. Mientras mezclaba la masa, añadió una generosa pizca de polvo de encantamiento, haciendo que la masa brillara con un suave tono dorado. Con un movimiento y un giro, dio forma a la masa en pequeños bollos redondos, cada uno sonriéndole.

Cuando los Bollos de Risa estuvieron finalmente horneados a la perfección, sus risas llenaron la panadería con un sonido alegre. El Sr. Jumble los colocó cuidadosamente en el escaparate y, en pocos minutos, una fila de clientes ansiosos se formó fuera de la puerta.

La primera en la fila era la pequeña Lucy, una niña con coletas y una inclinación por las travesuras. "¡Buenos días, Sr. Jumble!" gorjeó. "¿Puedo tener un Bollo de Risa, por favor?"

"Por supuesto, mi querida Lucy," respondió el Sr. Jumble, entregándole un bollo. Tan pronto como ella dio un mordisco, estalló en carcajadas incontrolables, su risa resonando por la plaza del pueblo.

Luego vino Timmy, un niño con una gorra de béisbol roja y una curiosidad interminable. "¿Qué hay de nuevo hoy, Sr. Jumble?" preguntó.

"Pues, tengo algo especial solo para ti, Timmy," dijo el Sr. Jumble, presentándole un Remolino de Deseos. Este delicado pastel, cubierto con azúcar brillante, tenía el poder de conceder un deseo. Timmy cerró los ojos, pidió un deseo y dio un mordisco. En un instante, se encontró sosteniendo la bicicleta más nueva y reluciente que jamás había visto.

A medida que avanzaba el día, más y más aldeanos venían a experimentar las maravillas de la panadería. La Sra. Peabody, la bibliotecaria, probó un Muffin de Memoria y recordó instantáneamente todos los libros que había leído. El granjero O'Hare probó un Croissant de Coraje y se encontró enfrentando valientemente a los conejos problemáticos en su huerto de zanahorias.

Pero el manjar más mágico de todos era el Fudge de la Amistad. Este rico y chocolatoso deleite tenía el poder de reparar amistades rotas y crear nuevas. El Sr. Jumble había horneado un lote especialmente para la feria del pueblo de esa noche.

Cuando el sol se puso y comenzó la feria, el Sr. Jumble montó su puesto, ofreciendo muestras de su fudge mágico a todos los que pasaban. Los aldeanos se reunieron, curiosos y emocionados por probar la nueva delicia.

Entre ellos estaban Jack y Emily, dos mejores amigos que recientemente se habían peleado por un malentendido tonto. Se encontraban en lados opuestos del recinto ferial, lanzándose miradas de vez en cuando pero demasiado tercos para dar el primer paso.

Al notar su situación, el Sr. Jumble los llamó. "Tengo algo que podría ayudarles a ustedes dos," dijo con un guiño. Les entregó a cada uno un pedazo de Fudge de la Amistad.

A regañadientes, Jack y Emily dieron un mordisco. A medida que el fudge se derretía en sus bocas, sintieron una cálida sensación en sus corazones. De repente, las razones de su pelea parecían triviales e insignificantes. Se miraron y estallaron en risas.

"Lo siento, Emily," dijo Jack.

"Y yo también lo siento, Jack," respondió Emily. Se abrazaron fuertemente, su amistad más fuerte que nunca.

La noche estuvo llena de risas, alegría y un sentido de unidad que el pueblo de Bumbleton nunca había experimentado antes. Los aldeanos bailaron, jugaron y compartieron historias, todo mientras disfrutaban de las deliciosas delicias de La Maravillosa Panadería Travesura.

Cuando la feria llegó a su fin, el Sr. Jumble se quedó en su puesto, con una sonrisa satisfecha en el rostro. Sus pasteles mágicos habían vuelto a traer felicidad y asombro a la gente de Bumbleton. Sprinkles, su fiel gato, ronroneaba contentamente a sus pies.

"Otro día exitoso, ¿no crees, Sprinkles?" dijo el Sr. Jumble, rascando al gato detrás de las orejas. Sprinkles maulló en señal de acuerdo.

Los aldeanos se despidieron, agradeciendo al Sr. Jumble por sus extraordinarias creaciones. Mientras caminaban a casa, sus corazones estaban ligeros y sus mentes llenas de la magia del día.

Y así, la leyenda de La Maravillosa Panadería Travesura creció. La gente venía de lejos para probar las delicias encantadas del Sr. Jumble y experimentar las maravillas de Bumbleton por sí mismos. La panadería permaneció como un faro de alegría y magia, un lugar donde los sueños se hacían realidad y las risas siempre estaban en abundancia.

El Sr. Jumble continuó horneando sus pasteles mágicos, siempre experimentando con nuevas recetas y deleitándose con la felicidad que traían. Y en cuanto al pueblo de Bumbleton, prosperó en el resplandor de las encantadoras creaciones del Sr. Jumble, un testimonio del poder de la magia, la amistad y un poco de travesura.

The Marvellous Mischief Bakery

ONCE UPON A TIME, IN a quaint village called Bumbleton, there was a bakery unlike any other. It was called "The Marvellous Mischief Bakery." Run by the eccentric Mr. Jumble and his fluffy cat, Sprinkles, this bakery was famous for its extraordinary treats that did much more than delight the taste buds.

Mr. Jumble was no ordinary baker. With a twinkle in his eye and a top hat perched precariously on his head, he had a knack for creating pastries that could perform the most magical feats. His secret? A pinch of enchantment dust he had inherited from his grandmother, who was known far and wide as the greatest sorceress of her time.

Each morning, Bumbleton's residents eagerly awaited the moment Mr. Jumble would open his bakery doors. Children gathered outside, noses pressed against the window, peering in to see what wonderful surprises awaited them.

One crisp autumn morning, Mr. Jumble decided it was the perfect day to bake his famous Giggle Buns. As he mixed the batter, he added a generous sprinkle of enchantment dust, causing the dough to glow a soft, golden hue. With a swish and a flick, he shaped the dough into plump little buns, each one smiling up at him.

When the Giggle Buns were finally baked to perfection, their laughter filled the bakery with a joyous sound. Mr. Jumble carefully placed them in the display case, and within minutes, a line of eager customers formed outside the door.

First in line was little Lucy, a girl with pigtails and a penchant for mischief. "Good morning, Mr. Jumble!" she chirped. "Can I have a Giggle Bun, please?"

"Of course, my dear Lucy," replied Mr. Jumble, handing her a bun. As soon as she took a bite, she burst into uncontrollable giggles, her laughter echoing through the village square.

Next came Timmy, a boy with a red baseball cap and an endless curiosity. "What's new today, Mr. Jumble?" he asked.

"Why, I've got something special just for you, Timmy," said Mr. Jumble, presenting him with a Wishing Whirl. This delicate pastry, topped with sparkling sugar, had the power to grant one wish. Timmy closed his eyes, made a wish, and took a bite. In an instant, he found himself holding the shiniest new bicycle he'd ever seen.

As the day went on, more and more villagers came to experience the bakery's wonders. Mrs. Peabody, the librarian, tried a Memory Muffin and instantly recalled every book she had ever read. Farmer O'Hare sampled a Courageous Croissant and found himself bravely facing the troublesome rabbits in his carrot patch.

But the most magical treat of all was the Friendship Fudge. This rich, chocolatey delight had the power to mend broken friendships and create new ones. Mr. Jumble had baked a batch specially for that evening's village fair.

As the sun set and the fair began, Mr. Jumble set up his stall, offering samples of his magical fudge to everyone who passed by. The villagers gathered around, curious and excited to taste the new treat.

Among them were Jack and Emily, two best friends who had recently fallen out over a silly misunderstanding. They stood on opposite sides of the fairground, casting glances at each other but too stubborn to make the first move.

Noticing their plight, Mr. Jumble called them over. "I've got something that might help you two," he said with a wink. He handed each of them a piece of Friendship Fudge.

Reluctantly, Jack and Emily took a bite. As the fudge melted in their mouths, they felt a warm sensation in their hearts. Suddenly, the reasons for their argument seemed trivial and unimportant. They looked at each other and burst out laughing.

"I'm sorry, Emily," said Jack.

"And I'm sorry too, Jack," replied Emily. They hugged tightly, their friendship stronger than ever.

The night was filled with laughter, joy, and a sense of unity that the village of Bumbleton had never experienced before. The villagers danced, played games, and shared stories, all while enjoying the delightful treats from The Marvellous Mischief Bakery.

As the fair came to an end, Mr. Jumble stood at his stall, a satisfied smile on his face. His magical pastries had once again brought happiness and wonder to the people of Bumbleton. Sprinkles, his faithful cat, purred contentedly at his feet.

"Another successful day, wouldn't you say, Sprinkles?" Mr. Jumble said, scratching the cat behind the ears. Sprinkles meowed in agreement.

The villagers waved goodbye, thanking Mr. Jumble for his extraordinary creations. As they walked home, their hearts were light, and their minds filled with the magic of the day.

And so, the legend of The Marvellous Mischief Bakery grew. People came from far and wide to taste Mr. Jumble's enchanted treats and experience the wonders of Bumbleton for themselves. The bakery remained a beacon of joy and magic, a place where dreams came true and laughter was always in abundance.

Mr. Jumble continued to bake his magical pastries, always experimenting with new recipes and delighting in the happiness they brought. And as for the village of Bumbleton, it thrived in the glow of Mr. Jumble's enchanting creations, a testament to the power of magic, friendship, and a little bit of mischief.

Las Aventuras de Pippa, la Panda Cantante

EN EL CORAZÓN DEL GRAN Bosque de Bambú, anidada en una acogedora arboleda de bambú, vivía una panda llamada Pippa. A diferencia de otros pandas, que se contentaban con masticar bambú y holgazanear, Pippa tenía un talento peculiar. Le encantaba cantar. Desde el amanecer hasta el anochecer, su melodiosa voz resonaba por el bosque, encantando a todos los que la escuchaban.

Las canciones de Pippa eran tan variadas como el mismo bosque. A veces cantaba sobre las hojas susurrantes, otras veces sobre las estrellas centelleantes que salpicaban el cielo nocturno. Sin embargo, su canción favorita era sobre las muchas criaturas del bosque y sus aventuras diarias.

Una brillante mañana, Pippa se despertó con una melodía especialmente alegre en su cabeza. Decidió que era el día perfecto para una aventura. Con un salto en su paso, se adentró más en el bosque, cantando su nueva canción.

A medida que vagaba, la voz de Pippa atrajo la atención de todos los animales del bosque. Las ardillas se detuvieron en su recolección de nueces, los pájaros se posaron en silencio en las ramas, e incluso el viejo búho gruñón, Hoot, abrió un ojo para escuchar.

"¡Buenos días, Pippa!" gorjeó Sammy la Ardilla, bajando de su árbol.

"¡Buenos días, Sammy! ¿No es un día hermoso?" respondió Pippa, con los ojos brillando de emoción.

"¡Claro que sí! ¿A dónde vas hoy?" preguntó Sammy.

"¡Voy en busca de una nueva aventura! Tal vez conozca nuevos amigos en el camino," dijo Pippa, con la voz llena de esperanza.

Mientras Pippa continuaba su viaje, cantaba su alegre melodía. No pasó mucho tiempo antes de que encontrara a un pequeño erizo llamado Harold, que estaba luchando por trepar un tronco caído.

"¡Hola! ¿Necesitas ayuda?" preguntó Pippa, con voz suave y amable.

"Oh, sí, por favor," dijo Harold, mirando al amistoso panda.

Con un movimiento rápido y cuidadoso, Pippa ayudó a Harold a pasar el tronco. Agradecido, Harold se unió a Pippa en su aventura, ansioso por ver qué les esperaba.

Juntos, cruzaron arroyos murmullantes y escalaron colinas cubiertas de hierba. En el camino, Pippa cantaba y Harold tarareaba, su armonía se mezclaba maravillosamente con los sonidos del bosque. Mientras caminaban, llegaron a un pequeño claro donde un grupo de animales se había reunido, luciendo bastante angustiados.

"¿Qué pasa?" preguntó Pippa, preocupada.

"Es Benny el Oso," dijo Daisy el Ciervo. "Está atrapado en el barro y no podemos sacarlo."

Pippa y Harold corrieron al borde del claro, donde vieron a Benny, un joven oso, atrapado en un espeso charco de barro. Parecía asustado y agotado.

"¡No te preocupes, Benny! Te sacaremos de allí," dijo Pippa, tranquilizándolo.

Pippa rápidamente pensó en un plan. Pidió a los pájaros que recogieran lianas fuertes, a las ardillas que encontraran palos robustos y a los ciervos que ayudaran a tirar. Con todos trabajando juntos, fabricaron una cuerda improvisada y, con cuidado, centímetro a centímetro, sacaron a Benny.

Una vez que Benny estuvo a salvo, agradeció a todos con un gran abrazo de oso. "¡Muchas gracias! Pensé que estaría atrapado allí para siempre."

Pippa sonrió y dijo, "Estamos aquí para ayudarnos unos a otros. ¡Para eso son los amigos!"

A medida que el día se convertía en noche, la canción de Pippa se transformó en una suave nana. Los animales se reunieron a su alrededor, disfrutando de la calidez de su nueva amistad. La voz de Pippa, suave y melodiosa, llevaba un mensaje de esperanza y unidad a través del bosque.

Desde ese día, Pippa y sus amigos se reunían regularmente en el claro. Compartían historias, se ayudaban con problemas y, por supuesto, disfrutaban de las hermosas canciones de Pippa. El Gran Bosque de Bambú se convirtió en un lugar de armonía y alegría, gracias a las canciones de Pippa y la amabilidad que inspiraban.

La fama del talento de Pippa se extendió por todas partes. Animales de otros bosques e incluso de tierras lejanas vinieron a escucharla cantar. Cada visitante se iba con el corazón lleno de alegría y una sonrisa en el rostro. Las canciones de Pippa tenían una forma mágica de unir a todos, haciendo que el mundo pareciera un poco más brillante.

Un día, una vieja y sabia tortuga llamada Timothy llegó al claro. Había viajado mucho para escuchar cantar a Pippa y para compartir un mensaje especial.

"Pippa," comenzó Timothy, "tus canciones han traído felicidad a muchos. Pero hay un lugar que necesita tu voz más que nunca."

"¿Dónde es eso?" preguntó Pippa, curiosa y ansiosa por ayudar.

"Hay un valle más allá de las montañas donde los animales están tristes y divididos. Necesitan a alguien como tú para unirlos," explicó Timothy.

Pippa miró a sus amigos, que asintieron alentadoramente. Sabía lo que tenía que hacer.

A la mañana siguiente, Pippa emprendió su viaje hacia el distante valle, con el corazón lleno de determinación. En el camino, encontró muchos desafíos, pero nunca se rindió. Cantaba sus canciones de esperanza y unidad, levantando el ánimo de aquellos que conocía.

Cuando finalmente llegó al valle, vio que era un lugar de gran belleza pero también de gran tristeza. Los animales estaban divididos en grupos, cada uno desconfiando de los demás.

Pippa respiró hondo y comenzó a cantar. Su voz, clara y pura, resonó por todo el valle. Poco a poco, los animales comenzaron a reunirse, atraídos por la encantadora melodía. Escucharon mientras Pippa cantaba sobre la amistad, la comprensión y la alegría de estar juntos.

Conmovidos por su canción, los animales comenzaron a acercarse entre sí. Las viejas rencillas fueron olvidadas y se formaron nuevas amistades. El valle, antes lleno de tristeza, se convirtió en un lugar de risa y amor.

Pippa se quedó en el valle durante muchos días, ayudando a los animales a construir una comunidad basada en la confianza y la cooperación. Cuando llegó el momento de partir, los animales le rogaron que se quedara.

"Siempre estaré con ustedes en espíritu," dijo Pippa, "y siempre podrán encontrarme en mis canciones."

Con el corazón apesadumbrado pero con un sentido de logro, Pippa regresó al Gran Bosque de Bambú. Sus amigos la recibieron con los brazos abiertos, ansiosos por escuchar sobre sus aventuras.

Pippa continuó cantando, su voz ahora llevaba la sabiduría de su viaje. Sus canciones se volvieron aún más mágicas, tocando los corazones de todos los que las escuchaban. El Gran Bosque de

Bambú prosperó, un testimonio del poder de la música y los lazos de la amistad.

Y así, la leyenda de Pippa, la Panda Cantante, creció. Su historia se contó y recontó, inspirando a generaciones de animales a creer en la magia de la canción y la fuerza de la unidad. El bosque permaneció como un lugar de armonía, donde siempre se podían escuchar las canciones de Pippa, recordando a todos el poder del amor y la belleza de un corazón amable.

The Adventures of Pippa the Singing Panda

IN THE HEART OF THE Great Bamboo Forest, nestled in a cozy bamboo grove, lived a panda named Pippa. Unlike other pandas, who were content munching on bamboo and lazing about, Pippa had a peculiar talent. She loved to sing. From dawn till dusk, her melodious voice echoed through the forest, enchanting all who heard it.

Pippa's songs were as varied as the forest itself. Sometimes she sang about the rustling leaves, other times about the shimmering stars that dotted the night sky. Her favorite song, though, was about the forest's many creatures and their daily adventures.

One bright morning, Pippa woke up with a particularly bouncy tune in her head. She decided it was the perfect day for an adventure. With a spring in her step, she set off deeper into the forest, singing her new song.

As she wandered, Pippa's voice attracted the attention of all the forest animals. Squirrels paused in their nut-gathering, birds perched silently on branches, and even the usually grumpy old owl, Hoot, opened one eye to listen.

"Good morning, Pippa!" chirped Sammy the Squirrel, scampering down from his tree.

"Good morning, Sammy! Isn't it a beautiful day?" Pippa replied, her eyes sparkling with excitement.

"It sure is! Where are you off to today?" Sammy asked.

"I'm off to find a new adventure! Maybe I'll meet some new friends along the way," Pippa said, her voice full of hope.

As Pippa continued her journey, she sang her cheerful tune. It wasn't long before she encountered a little hedgehog named Harold, who was struggling to climb over a fallen log.

"Hello there! Need some help?" Pippa asked, her voice gentle and kind.

"Oh, yes, please," Harold said, looking up at the friendly panda.

With a swift and careful move, Pippa helped Harold over the log. Grateful, Harold joined Pippa on her adventure, eager to see what lay ahead.

Together, they crossed babbling brooks and climbed grassy hills. Along the way, Pippa sang, and Harold hummed along, their harmony blending beautifully with the sounds of the forest. As they walked, they came upon a small clearing where a group of animals had gathered, looking quite distressed.

"What's wrong?" Pippa asked, concerned.

"It's Benny the Bear," said Daisy the Deer. "He's stuck in the mud, and we can't get him out."

Pippa and Harold rushed to the edge of the clearing, where they saw Benny, a young bear, trapped in a thick patch of mud. He looked scared and exhausted.

"Don't worry, Benny! We'll get you out," Pippa called out reassuringly.

Pippa quickly thought of a plan. She asked the birds to gather strong vines, the squirrels to find sturdy sticks, and the deer to help pull. With everyone working together, they fashioned a makeshift rope and carefully, inch by inch, pulled Benny free.

Once Benny was safe, he thanked everyone with a big bear hug. "Thank you so much! I thought I'd be stuck there forever."

Pippa smiled and said, "We're all here to help each other. That's what friends are for!"

As the day turned into evening, Pippa's song changed to a soothing lullaby. The animals gathered around her, basking in the warmth of their newfound friendship. Pippa's voice, soft and melodious, carried a message of hope and unity through the forest.

From that day on, Pippa and her friends met regularly in the clearing. They shared stories, helped each other with problems, and, of course, enjoyed Pippa's beautiful songs. The Great Bamboo Forest became a place of harmony and joy, all thanks to Pippa's singing and the kindness it inspired.

Word of Pippa's talent spread far and wide. Animals from other forests and even distant lands came to listen to her sing. Each visitor left with a heart full of joy and a smile on their face.

Pippa's songs had a magical way of bringing everyone together, making the world feel a little bit brighter.

One day, a wise old tortoise named Timothy arrived at the clearing. He had traveled a long way to hear Pippa sing and to share a special message.

"Pippa," Timothy began, "your songs have brought happiness to so many. But there's a place that needs your voice the most."

"Where is that?" Pippa asked, curious and eager to help.

"There's a valley beyond the mountains where the animals are sad and divided. They need someone like you to bring them together," Timothy explained.

Pippa looked at her friends, who all nodded encouragingly. She knew what she had to do.

The next morning, Pippa set out on her journey to the distant valley, her heart filled with determination. Along the way, she encountered many challenges, but she never gave up. She sang her songs of hope and unity, lifting the spirits of those she met.

When Pippa finally reached the valley, she saw that it was a place of great beauty but also of great sorrow. The animals were divided into groups, each keeping to themselves and mistrusting the others.

Pippa took a deep breath and began to sing. Her voice, clear and pure, echoed through the valley. Slowly, the animals began to gather, drawn by the enchanting melody. They listened as Pippa sang about friendship, understanding, and the joy of coming together.

Moved by her song, the animals started to approach each other. Old grudges were forgotten, and new friendships were formed. The valley, once filled with sadness, became a place of laughter and love.

Pippa stayed in the valley for many days, helping the animals build a community based on trust and cooperation. When it was time for her to leave, the animals begged her to stay.

"I'll always be with you in spirit," Pippa said, "and you can always find me in my songs."

With a heavy heart but a sense of accomplishment, Pippa returned to the Great Bamboo Forest. Her friends welcomed her back with open arms, eager to hear about her adventures.

Pippa continued to sing, her voice now carrying the wisdom of her journey. Her songs became even more magical, touching the hearts of all who heard them. The Great Bamboo Forest thrived, a testament to the power of music and the bonds of friendship.

And so, Pippa the Singing Panda's legend grew. Her story was told and retold, inspiring generations of animals to believe in the magic of song and the strength of unity. The forest remained a place of harmony, where Pippa's songs could always be heard, reminding everyone of the power of love and the beauty of a kind heart.

La Princesa Silenciosa

HABÍA UNA VEZ, EN UN reino muy, muy lejano, vivía una princesa llamada Isabella. La Princesa Isabella era conocida en todo el reino por su voz encantadora. Podía cantar las canciones más hermosas, contar las historias más cautivadoras y su risa era como música para los oídos de todos.

El reino de Melodía prosperaba gracias a la música y la risa, y la voz de Isabella era el corazón de todo. Cada mañana, los aldeanos se reunían en el patio del castillo para escucharla cantar. Su voz traía alegría y felicidad a todos, haciendo del reino un lugar armonioso y pacífico.

Pero un día fatídico, ocurrió algo terrible. La Princesa Isabella se despertó y descubrió que había perdido su voz. Intentó hablar, cantar, incluso tararear, pero no salió ningún sonido. El pánico se extendió por el reino cuando se supo la noticia de que su querida princesa había perdido su voz.

Desesperados por ayudar, el rey y la reina convocaron a los mejores médicos, magos y sabios de todos los rincones del reino. Todos intentaron lo mejor que pudieron, pero ninguno logró devolverle la voz a Isabella. El reino cayó en una profunda tristeza, y las vibrantes canciones y risas fueron reemplazadas por el silencio.

Decidida a encontrar una solución, Isabella decidió emprender una búsqueda para encontrar su voz. Empacó una pequeña bolsa con lo esencial, se puso una sencilla capa para disfrazarse y salió del castillo bajo el manto de la noche. Sabía que tenía que encontrar el legendario Bosque Susurrante, un bosque mágico donde se decía que todo lo perdido podía ser encontrado.

El viaje de Isabella fue largo y arduo. Viajó a través de densos bosques, cruzó ríos caudalosos y subió empinadas montañas. En el camino, encontró muchos desafíos, pero siempre perseveró con su inquebrantable determinación.

Una tarde, cuando el sol comenzaba a ponerse, Isabella se encontró al borde del Bosque Susurrante. Los árboles parecían murmurar con un suave y melódico susurro, y el aire estaba lleno de una sensación de magia y misterio. Con una profunda respiración, entró en el bosque, esperando que la guiara hasta su voz perdida.

A medida que Isabella se adentraba en el bosque, conoció a una serie de personajes peculiares, cada uno ofreciendo su propio y único consejo. Primero, encontró a un sabio búho llamado Olwen, encaramado en lo alto de un árbol.

"¿Quién eres tú y qué te trae al Bosque Susurrante?" preguntó Olwen con un gorjeo.

Isabella señaló su garganta y simuló que había perdido su voz. Comprendiendo su situación, Olwen asintió con sabiduría.

"Sigue el camino hasta el Lago Cristalino," aconsejó Olwen. "Allí encontrarás una pista para recuperar tu voz."

Isabella agradeció a Olwen con una sonrisa silenciosa y siguió el sendero sinuoso. Después de un rato, llegó al resplandeciente Lago Cristalino. El agua era tan clara que podía ver hasta el fondo, donde una luz deslumbrante parecía llamarla. Mientras miraba al lago, vio un reflejo no de ella misma, sino de un elegante cisne.

"Bienvenida, Princesa Isabella," saludó el cisne con una voz suave y melódica. "Soy Seraphina, la guardiana del lago. Sé por qué estás aquí."

Isabella asintió con entusiasmo, sus ojos llenos de esperanza.

"Para encontrar tu voz, debes buscar los Ecos Encantados en lo más profundo del Corazón del Bosque," explicó Seraphina. "Pero ten cuidado, porque el viaje está lleno de pruebas que pondrán a prueba tu coraje y tu corazón."

Isabella agradeció a Seraphina con una silenciosa reverencia y continuó su búsqueda. Viajó más adentro del bosque, guiada por el suave murmullo del Bosque Susurrante. En el camino, encontró a una traviesa hada llamada Thistle, que le ofreció un acertijo:

"Para encontrar lo que se ha perdido, primero debes dar,

Un pedazo de tu corazón, para que pueda vivir.

Habla con tu alma, aunque tu voz esté quieta,

Y el bosque responderá, concediendo tu deseo."

Isabella reflexionó sobre el acertijo mientras continuaba su viaje. Sabía que la respuesta estaba dentro de ella, y que necesitaba mostrar su verdadero corazón para desbloquear la siguiente parte de su búsqueda.

Al caer la noche, Isabella llegó a un claro bañado por la suave luz de la luna. En el centro del claro se erguía un árbol antiguo y retorcido con un tronco hueco. El árbol parecía latir con un ritmo tranquilo y rítmico, como si tuviera un corazón propio.

Reuniendo su coraje, Isabella se acercó al árbol y puso su mano en su rugosa corteza. Cerró los ojos y, con todo su corazón, comenzó a "hablar" a través de sus pensamientos y emociones. Expresó su amor por su reino, su anhelo de devolver la alegría y la música, y su profundo deseo de encontrar su voz.

De repente, el árbol comenzó a brillar con una cálida luz dorada. El tronco hueco se abrió, revelando un pequeño cristal brillante. Isabella extendió la mano y tomó el cristal entre sus manos, sintiendo su calidez y energía.

Una suave brisa susurró a través del claro, llevando un eco suave y melódico. Los Ecos Encantados habían escuchado la súplica de Isabella y estaban listos para ayudarla.

Sosteniendo el cristal cerca, Isabella siguió los susurros resonantes de vuelta a través del bosque. Los árboles parecían abrirse paso para ella, guiando sus pasos. Finalmente, llegó a un claro oculto donde una hermosa y etérea figura la esperaba.

"Yo soy Lyra, el Espíritu de la Canción," dijo la figura, su voz como una sinfonía. "Has mostrado gran coraje y corazón,

Princesa Isabella. Los Ecos Encantados te han otorgado un regalo."

Lyra extendió su mano, y el cristal en las manos de Isabella comenzó a brillar aún más. La luz envolvió a Isabella, llenándola de una sensación cálida y vibrante. Sintió que su garganta se relajaba, y el aire a su alrededor vibraba con la promesa de sonido.

"Canta, Princesa Isabella," alentó suavemente Lyra.

Isabella respiró profundamente y abrió la boca. Para su asombro, una nota clara y hermosa surgió, llenando el claro con su sonido puro y encantador. ¡Su voz había regresado!

Llena de alegría, Isabella agradeció a Lyra y a los Ecos Encantados con todo su corazón. Sabía que tenía que regresar a Melodía para compartir su regalo con su gente. Mientras regresaba a través del Bosque Susurrante, cantó una canción de gratitud y alegría, su voz creciendo más fuerte con cada paso.

Cuando Isabella finalmente regresó al reino, los aldeanos se regocijaron al escuchar su voz una vez más. Sus canciones devolvieron la risa y la música que habían estado ausentes durante tanto tiempo. El reino de Melodía prosperó una vez más, lleno de armonía y felicidad.

La Princesa Isabella nunca olvidó las lecciones que aprendió durante su búsqueda. Sabía que la verdadera fuerza venía del corazón, y que a veces, incluso cuando nos sentimos perdidos, debemos seguir creyendo en nosotros mismos.

Y así, la leyenda de la Princesa Silenciosa que encontró su voz se extendió por todo el reino. Su historia inspiró a otros a nunca rendirse, a buscar sus propias fuerzas ocultas y a siempre seguir los susurros de su corazón.

The Silent Princess

ONCE UPON A TIME, IN a kingdom far, far away, there lived a princess named Isabella. Princess Isabella was known throughout the land for her enchanting voice. She could sing the most beautiful songs, tell the most captivating stories, and her laughter was like music to everyone's ears.

The kingdom of Melodia thrived on music and laughter, and Isabella's voice was the heart of it all. Every morning, the villagers would gather in the castle courtyard to hear her sing. Her voice brought joy and happiness to everyone, making the kingdom a harmonious and peaceful place.

But one fateful day, something terrible happened. Princess Isabella woke up and found that her voice was gone. She tried to speak, to sing, even to hum, but not a sound came out. Panic swept through the kingdom as the news spread that their beloved princess had lost her voice.

Desperate to help, the king and queen summoned the finest doctors, wizards, and wise folk from all corners of the kingdom. They all tried their best, but none could restore Isabella's voice. The kingdom fell into a deep sadness, and the once vibrant songs and laughter were replaced by silence.

Determined to find a solution, Isabella decided to set off on a quest to find her voice. She packed a small bag with essentials, donned a simple cloak to disguise herself, and left the castle under the cover of night. She knew she had to find the fabled Whispering Woods, a magical forest where it was said anything lost could be found.

Isabella's journey was long and arduous. She traveled through dense forests, across raging rivers, and over steep mountains. Along the way, she encountered many challenges but always persevered with her unwavering determination.

One evening, as the sun began to set, Isabella found herself at the edge of the Whispering Woods. The trees seemed to hum with a gentle, melodic whisper, and the air was filled with a sense of magic and mystery. With a deep breath, she stepped into the forest, hoping it would guide her to her lost voice.

As Isabella ventured deeper into the woods, she met a series of peculiar characters, each offering their own unique advice. First, she encountered a wise old owl named Olwen, perched high in a tree.

"Whoo are you, and what brings you to the Whispering Woods?" Olwen hooted.

Isabella gestured to her throat and mimed that she had lost her voice. Understanding her plight, Olwen nodded sagely.

"Follow the path to the Crystal Clear Lake," Olwen advised. "There, you will find a clue to your voice."

Isabella thanked Olwen with a silent smile and followed the winding path. After a while, she arrived at the shimmering Crystal Clear Lake. The water was so clear that she could see all the way to the bottom, where a dazzling light seemed to be calling to her. As she gazed into the lake, she saw a reflection not of herself, but of a graceful swan.

"Welcome, Princess Isabella," the swan greeted her in a gentle, melodic voice. "I am Seraphina, the guardian of the lake. I know why you are here."

Isabella nodded eagerly, her eyes wide with hope.

"To find your voice, you must seek the Enchanted Echoes deep within the Heart of the Forest," Seraphina explained. "But beware, for the journey is fraught with trials that will test your courage and heart."

Isabella thanked Seraphina with a silent curtsy and continued on her quest. She traveled deeper into the woods, guided by the soft hum of the Whispering Woods. Along the way, she encountered a mischievous sprite named Thistle, who offered her a riddle:

"To find what is lost, you must first give,

A piece of your heart, so it may live.

Speak with your soul, though your voice is still,

And the forest will answer, granting your will."

Isabella pondered the riddle as she continued her journey. She knew that the answer lay within her, and that she needed to show her true heart to unlock the next part of her quest.

As night fell, Isabella arrived at a clearing bathed in the soft glow of moonlight. In the center of the clearing stood an ancient, gnarled tree with a hollow trunk. The tree seemed to pulse with a quiet, rhythmic beat, as if it had a heart of its own.

Gathering her courage, Isabella approached the tree and placed her hand on its rough bark. She closed her eyes and, with all her heart, began to "speak" through her thoughts and emotions. She expressed her love for her kingdom, her longing to bring back joy and music, and her deep desire to find her voice.

Suddenly, the tree began to glow with a warm, golden light. The hollow trunk opened, revealing a small, sparkling crystal. Isabella reached out and took the crystal in her hands, feeling its warmth and energy.

A gentle breeze whispered through the clearing, carrying a soft, melodic echo. The Enchanted Echoes had heard Isabella's plea and were ready to help her.

Holding the crystal close, Isabella followed the echoing whispers back through the forest. The trees seemed to part for her, guiding her steps. Eventually, she arrived at a hidden glade where a beautiful, ethereal figure awaited her.

"I am Lyra, the Spirit of Song," the figure said, her voice like a symphony. "You have shown great courage and heart, Princess Isabella. The Enchanted Echoes have granted you a gift."

Lyra extended her hand, and the crystal in Isabella's hands began to glow even brighter. The light enveloped Isabella, filling her with a warm, tingling sensation. She felt her throat loosen, and the air around her vibrated with the promise of sound.

"Sing, Princess Isabella," Lyra encouraged softly.

Isabella took a deep breath and opened her mouth. To her amazement, a clear, beautiful note emerged, filling the glade with its pure, enchanting sound. Her voice had returned!

Overjoyed, Isabella thanked Lyra and the Enchanted Echoes with all her heart. She knew she had to return to Melodia to share her gift with her people. As she made her way back through the Whispering Woods, she sang a song of gratitude and joy, her voice growing stronger with each step.

When Isabella finally returned to the kingdom, the villagers were overjoyed to hear her voice once again. Her songs brought back the laughter and music that had been missing for so long. The kingdom of Melodia thrived once more, filled with harmony and happiness.

Princess Isabella never forgot the lessons she had learned during her quest. She knew that true strength came from the heart, and that sometimes, even when we feel lost, we must keep believing in ourselves.

And so, the legend of the Silent Princess who found her voice spread throughout the land. Her story inspired others to never give up, to seek out their own hidden strengths, and to always follow the whispers of their hearts.

La Gran Aventura en Globo

EN UN PEQUEÑO PUEBLO situado entre colinas onduladas y verdes campos exuberantes, vivía un niño llamado Oliver. Oliver tenía una imaginación desbordante y un corazón lleno de sueños. Su mayor sueño era volar por el cielo en un globo aerostático, como los aventureros que leía en sus libros favoritos.

Un día de verano, mientras Oliver paseaba por la plaza del pueblo, notó un cartel colorido ondeando en la brisa. Anunciaba un gran festival de globos aerostáticos que se celebraría en el pueblo vecino. Los ojos de Oliver se agrandaron de emoción. ¡Esta era su oportunidad de hacer realidad su sueño!

Oliver corrió a casa para contarles a sus padres, el señor y la señora Pendleton. Siempre apoyaban sus sueños y aventuras, y después de un poco de suplicas y ojitos de cachorro, aceptaron llevarlo al festival.

El día del festival llegó, y la familia Pendleton partió temprano en la mañana. El cielo era de un azul perfecto, y el aire estaba lleno de promesas de aventura. Al llegar, la vista que los recibió les quitó el aliento. El campo estaba lleno de docenas de magníficos globos aerostáticos de todos los colores imaginables. Se balanceaban y se mecían suavemente, listos para despegar.

Oliver apenas podía contener su emoción. Corrió de un globo a otro, admirando sus brillantes patrones y enormes cestas. Sus padres lo seguían, sonriendo ante el entusiasmo de su hijo.

"¡Mira este!" exclamó Oliver, señalando un globo en forma de dragón gigante. "¡Y este!" Corrió hacia otro globo en forma de un enorme arco iris.

Mientras paseaban por el festival, conocieron a un amable y excéntrico aeronauta llamado Profesor Pufflechuff. Llevaba un sombrero de copa y gafas, y su globo era el más curioso de todos: ¡tenía forma de una tetera gigante!

"¡Bienvenidos, bienvenidos!" les saludó el Profesor Pufflechuff con una reverencia teatral. "¿Están listos para una aventura en el cielo?"

Los ojos de Oliver brillaron. "¡Sí, por favor! Siempre he querido montar en un globo aerostático."

"Entonces has venido al lugar correcto," dijo el Profesor Pufflechuff con una sonrisa. "¡Suban a bordo del Teapot Express!"

Con una mezcla de emoción y un poco de nerviosismo, Oliver y sus padres subieron a la cesta. El Profesor Pufflechuff encendió el quemador, y con un gran whoosh, el globo comenzó a elevarse. Oliver observó con asombro cómo el suelo se hacía cada vez más pequeño debajo de ellos.

Arriba, arriba, arriba fueron, flotando más y más alto en el cielo. El pueblo abajo parecía un pequeño pueblo de juguete, y los campos se extendían como un edredón de retazos. Oliver se sentía como si estuviera en la cima

del mundo.

Mientras surcaban el cielo, el Profesor Pufflechuff señalaba varios puntos de referencia. "Allí está el Lago Brillante, y justo más allá está el Bosque Susurrante. ¡Oh, y vean esa montaña en la distancia! ¡Esa es la Cumbre del Dragón!"

Oliver estaba fascinado por los paisajes y las historias que los acompañaban. Pero entonces, algo inesperado ocurrió. Una ráfaga de viento repentino atrapó el globo, y comenzó a desviarse del rumbo. El Teapot Express comenzó a dirigirse hacia el Bosque Susurrante.

"¡Agárrense fuerte, todos!" gritó el Profesor Pufflechuff. "¡Parece que nos espera un poco de aventura!"

El globo se inclinó y se balanceó mientras entraba en el bosque. Los árboles debajo parecían un mar de verde, y Oliver podía escuchar el susurro de las hojas y los llamados de los pájaros en la distancia. A pesar del repentino cambio de rumbo, sintió un escalofrío de emoción.

Justo cuando estaban a punto de salir del bosque, una fuerte corriente descendente empujó el globo hacia abajo. El Teapot Express descendió rápidamente, y aterrizaron con un suave golpe en un pequeño claro. La cesta tocó el suelo, y el globo se hinchó suavemente sobre ellos.

"Bueno, eso fue inesperado," dijo el Profesor Pufflechuff con una risa. "¡Pero no importa! Cada aventura tiene sus sorpresas."

Oliver miró a su alrededor al claro. Era un lugar mágico, con la luz del sol filtrándose entre los árboles y las flores floreciendo en todos los colores. Un pequeño arroyo gorgoteaba cerca, y el aire estaba lleno del aroma de los pinos y las flores silvestres.

"¿Dónde estamos?" preguntó Oliver, su curiosidad despertada.

"Este, mi muchacho, es el Corazón del Bosque Susurrante," respondió el Profesor Pufflechuff. "Un lugar lleno de maravillas y secretos. ¿Por qué no exploramos un poco mientras esperamos a que cambie el viento?"

Oliver y sus padres estuvieron de acuerdo. Se aventuraron en una pequeña exploración, descubriendo el bosque encantado. Descubrieron senderos ocultos bordeados de hongos que brillaban suavemente, y árboles con caras talladas en sus troncos que parecían sonreír mientras pasaban.

Mientras deambulaban, se encontraron con un grupo de criaturas del bosque que tenían una fiesta de té. Había conejos, ardillas e incluso un erizo, todos bebiendo de tazas de té diminutas y picoteando galletas de bellota. Los animales los saludaron calurosamente e invitaron a unirse a la fiesta.

Oliver y su familia se sentaron y disfrutaron de la extravagante fiesta de té. Los animales compartieron historias del bosque y sus muchas maravillas. Oliver escuchó atentamente, sintiendo como si hubiera entrado en uno de sus adorados libros de cuentos.

Después de un tiempo encantador con sus nuevos amigos, escucharon un sonido distante del viento que aumentaba. Era hora de regresar al globo. El Profesor Pufflechuff los condujo de regreso, y pronto estuvieron de vuelta en el Teapot Express.

Con todos de vuelta a bordo, el Profesor Pufflechuff encendió el quemador una vez más. El globo se elevó lentamente del suelo y volvió a surcar el cielo. Esta vez, el viento estaba a su favor, y se dirigieron de regreso hacia el festival.

Mientras volaban, el sol comenzó a ponerse, pintando el cielo con tonos de naranja, rosa y morado. Oliver observó maravillado, sintiéndose agradecido por la increíble aventura que había vivido.

Cuando finalmente aterrizaron de nuevo en el festival, el campo estaba iluminado por la luz del sol poniente. Los padres de Oliver agradecieron al Profesor Pufflechuff por el viaje inolvidable, y Oliver le dio un gran abrazo.

"¡Gracias, Profesor Pufflechuff! Este fue el mejor día de mi vida," dijo Oliver, irradiando felicidad.

"De nada, joven aventurero," respondió el Profesor Pufflechuff con un destello en sus ojos. "Recuerda, el cielo está lleno de posibilidades. ¡Sigue soñando y explorando!"

Mientras la familia Pendleton se dirigía a casa, Oliver no podía dejar de hablar sobre su aventura. Sabía que atesoraría los recuerdos del Teapot Express y del mágico Bosque Susurrante para siempre.

Y así, con el corazón lleno de alegría y la mente llena de sueños, Oliver se quedó dormido esa noche, soñando con todas las aventuras que aún estaban por venir.

The Great Balloon Adventure

IN A SMALL TOWN NESTLED between rolling hills and lush green fields, there lived a boy named Oliver. Oliver had a wild imagination and a heart full of dreams. His biggest dream was to soar through the sky in a hot air balloon, just like the adventurers he read about in his favorite books.

One summer's day, as Oliver wandered through the town square, he noticed a colorful poster flapping in the breeze. It announced a grand hot air balloon festival to be held in the neighboring town. Oliver's eyes widened with excitement. This was his chance to make his dream come true!

Oliver rushed home to tell his parents, Mr. and Mrs. Pendleton. They were always supportive of his dreams and adventures, and after some pleading and puppy-dog eyes, they agreed to take him to the festival.

The day of the festival arrived, and the Pendleton family set off early in the morning. The sky was a perfect shade of blue, and the air was filled with the promise of adventure. As they arrived, the sight that greeted them took their breath away. The field was filled with dozens of magnificent hot air balloons in every color imaginable. They bobbed and swayed gently, ready to take flight.

Oliver could hardly contain his excitement. He darted from balloon to balloon, admiring their bright patterns and enormous baskets. His parents followed, smiling at their son's enthusiasm.

"Look at this one!" Oliver exclaimed, pointing to a balloon shaped like a giant dragon. "And this one!" He ran to another balloon shaped like a huge rainbow.

As they wandered through the festival, they met a kind and eccentric balloonist named Professor Pufflechuff. He wore a top hat and goggles, and his balloon was the most curious of all—it was shaped like a giant teapot!

"Welcome, welcome!" Professor Pufflechuff greeted them with a theatrical bow. "Are you ready for an adventure in the skies?"

Oliver's eyes sparkled. "Yes, please! I've always wanted to ride in a hot air balloon."

"Then you've come to the right place," said Professor Pufflechuff with a grin. "Climb aboard the Teapot Express!"

With a mixture of excitement and a little nervousness, Oliver and his parents climbed into the basket. Professor Pufflechuff fired up the burner, and with a great whoosh, the balloon began to rise. Oliver watched in amazement as the ground grew smaller and smaller beneath them.

Up, up, up they went, floating higher and higher into the sky. The town below looked like a tiny toy village, and the fields stretched out like a patchwork quilt. Oliver felt like he was on top of the world.

As they soared through the sky, Professor Pufflechuff pointed out various landmarks. "Over there is the Glittering Lake, and just beyond that is the Whispering Woods. Oh, and see that mountain in the distance? That's Dragon's Peak!"

Oliver was fascinated by the sights and the stories that came with them. But then, something unexpected happened. A sudden gust of wind caught the balloon, and it started to drift off course. The Teapot Express began to head towards the Whispering Woods.

"Hold on tight, everyone!" shouted Professor Pufflechuff. "Looks like we're in for a bit of an adventure!"

The balloon dipped and swayed as it entered the forest. The trees below looked like a sea of green, and Oliver could hear the rustling of leaves and the calls of distant birds. Despite the sudden change in course, he felt a thrill of excitement.

Just as they were about to clear the woods, a strong downdraft pushed the balloon downwards. The Teapot Express descended rapidly, and they landed with a gentle thump in a small clearing. The basket touched the ground, and the balloon's envelope sagged gently above them.

"Well, that was unexpected," said Professor Pufflechuff with a chuckle. "But no matter! Every adventure has its surprises."

Oliver looked around the clearing. It was a magical place, with sunlight filtering through the trees and flowers blooming in every color. A small stream gurgled nearby, and the air was filled with the scent of pine and wildflowers.

"Where are we?" Oliver asked, his curiosity piqued.

"This, my boy, is the Heart of the Whispering Woods," replied Professor Pufflechuff. "A place full of wonder and secrets. Why don't we explore a bit while we wait for the wind to change?"

Oliver and his parents agreed. They set off on a little adventure, exploring the enchanting forest. They discovered hidden paths lined with mushrooms that glowed softly, and trees with faces carved into their trunks that seemed to smile as they passed.

As they wandered, they came across a group of woodland creatures having a tea party. There were rabbits, squirrels, and even a hedgehog, all sipping from tiny teacups and nibbling on acorn biscuits. The animals greeted them warmly and invited them to join the party.

Oliver and his family sat down and enjoyed the whimsical tea party. The animals shared stories of the forest and its many wonders. Oliver listened intently, feeling like he had stepped into one of his beloved storybooks.

After a delightful time with their new friends, they heard a distant sound of the wind picking up. It was time to head back to the balloon. Professor Pufflechuff led the way, and soon they were back at the Teapot Express.

With everyone back on board, Professor Pufflechuff fired up the burner once more. The balloon slowly lifted off the ground and soared back into the sky. This time, the wind was in their favor, and they headed back towards the festival.

As they flew, the sun began to set, painting the sky in hues of orange, pink, and purple. Oliver watched in awe, feeling grateful for the incredible adventure he had experienced.

When they finally landed back at the festival, the field was aglow with the light of the setting sun. Oliver's parents thanked Professor Pufflechuff for the unforgettable journey, and Oliver gave him a big hug.

"Thank you, Professor Pufflechuff! This was the best day ever," said Oliver, beaming with happiness.

"You're very welcome, young adventurer," replied Professor Pufflechuff with a twinkle in his eye. "Remember, the sky is full of possibilities. Keep dreaming and exploring!"

As the Pendleton family made their way home, Oliver couldn't stop talking about their adventure. He knew that he would cherish the memories of the Teapot Express and the magical Whispering Woods forever.

And so, with his heart full of joy and his head full of dreams, Oliver drifted off to sleep that night, dreaming of all the adventures yet to come.

Las Increíbles Aventuras de Manzanito el Árbol

EN EL CORAZÓN DE UN bullicioso pueblo llamado Campo Verde, se alzaba un árbol de manzanas bastante peculiar conocido como Manzanito. Ahora, Manzanito no era solo un árbol de manzanas ordinario; era un árbol con una personalidad tan vibrante como las manzanas que daba. Mientras que otros árboles permanecían estoicos, a Manzanito no le gustaba nada más que bailar con la brisa y cantar a los pájaros.

Las ramas de Manzanito siempre estaban llenas de las manzanas más jugosas y deliciosas de todo Campo Verde. Niños de todas partes venían a recoger su fruto, sus risas llenando el aire mientras jugaban bajo su frondoso dosel. Pero lo que realmente hacía a Manzanito notable era su capacidad para conceder deseos.

La leyenda decía que si susurrabas tu deseo más profundo a Manzanito mientras sostenías una de sus manzanas, tu deseo se haría realidad. Por supuesto, no todos creían en tales cuentos, pero eso no detenía a los niños de Campo Verde de intentarlo.

Una soleada tarde, una niña llamada Lila entró saltando en el huerto donde se encontraba Manzanito. Había escuchado las historias sobre los poderes mágicos de Manzanito y estaba decidida a ponerlos a prueba. Con una sonrisa esperanzada, alzó la mano y arrancó una manzana roja brillante de una de las ramas de Manzanito.

"Manzanito, oh Manzanito," susurró, su voz apenas más alta que la brisa. "Deseo... deseo tener un amigo con quien jugar."

Cerró los ojos y esperó, medio esperando escuchar risas o ver destellos a su alrededor. Pero cuando los abrió, nada parecía diferente. Decepcionada, Lila suspiró y se dio la vuelta para irse.

Pero justo cuando dio un paso atrás, escuchó un ruido detrás de ella. Se giró para ver una pequeña figura emergiendo de los arbustos. Era un cachorro de zorro, su pelaje de un naranja vibrante contra el verdor del huerto. El cachorro se acercó a Lila con cautela, sus ojos curiosos pero precavidos.

El corazón de Lila dio un vuelco. ¿Podría ser que su deseo se había hecho realidad? Con una sonrisa tentativa, extendió la mano, ofreciéndole la manzana al cachorro de zorro. El cachorro olfateó la manzana, luego dio un mordisco cauteloso. Aparentemente satisfecho, movió la cola y se restregó contra la mano de Lila.

"¡Hola, pequeñín!" dijo Lila, con voz suave. "¿Te gustaría jugar conmigo?"

El cachorro de zorro soltó un ladrido juguetón y se lanzó hacia adelante, ansioso por explorar el huerto con su nueva amiga. Lila rió con alegría y lo siguió, con el corazón rebosante de felicidad.

Mientras jugaban entre los árboles, Lila no pudo evitar sentirse agradecida por Manzanito y su regalo mágico. Había encontrado un amigo en el lugar más inesperado, todo gracias a un deseo susurrado y una manzana roja brillante.

Mientras tanto, en lo alto de sus ramas, Manzanito observaba con una sonrisa satisfecha. Podía ser solo un árbol, pero sabía que sus manzanas tenían el poder de traer felicidad y amistad a quienes creían. Y mientras permaneciera erguido en el huerto, su magia seguiría extendiéndose por todo Campo Verde.

Desde ese día, los niños de Campo Verde se reunían bajo las ramas de Manzanito, susurrando sus deseos y esperando que sus sueños se hicieran realidad. Y aunque no todos los deseos se cumplían, la magia de Manzanito el árbol continuaba, siendo un faro de esperanza y asombro en el corazón de Campo Verde.

Y así, las increíbles aventuras de Manzanito el árbol continuaron, sus ramas ondeando con la brisa mientras vigilaba el pueblo y a todos los que vivían en él.

The Incredible Adventures of Appleton the Tree

IN THE HEART OF A BUSTLING town called Greenfield, there stood a rather peculiar apple tree known as Appleton. Now, Appleton wasn't just any ordinary apple tree; he was a tree with a personality as vibrant as the apples he bore. While other trees stood stoically, Appleton loved nothing more than to dance in the breeze and sing to the birds.

Appleton's branches were always filled with the juiciest and most delicious apples in all of Greenfield. Children from far and wide would come to pluck his fruit, their laughter filling the air as they played beneath his leafy canopy. But what made Appleton truly remarkable was his ability to grant wishes.

Legend had it that if you whispered your deepest desire to Appleton while holding one of his apples, your wish would come true. Of course, not everyone believed in such tales, but that didn't stop the children of Greenfield from trying.

One sunny afternoon, a young girl named Lily skipped into the orchard where Appleton stood. She had heard the stories of Appleton's magical powers and was determined to put them to the test. With a hopeful smile, she reached up and plucked a shiny red apple from one of Appleton's branches.

"Appleton, oh Appleton," she whispered, her voice barely louder than a breeze. "I wish... I wish for a friend to play with."

She closed her eyes and waited, half expecting to hear laughter or see sparkles appear around her. But when she opened her eyes, nothing seemed different. Disappointed, Lily sighed and turned to leave.

But just as she took a step away, she heard a rustling behind her. She turned around to see a small figure emerging from the bushes. It was a fox cub, its fur a vibrant orange against the greenery of the orchard. The cub approached Lily cautiously, its eyes curious but cautious.

Lily's heart skipped a beat. Could it be that her wish had come true? With a tentative smile, she held out her hand, offering the apple to the fox cub. The cub sniffed the apple, then took a cautious bite. Apparently satisfied, it wagged its tail and nuzzled against Lily's hand.

"Hello there, little one," Lily said, her voice soft. "Would you like to play with me?"

The fox cub let out a playful yip and bounded forward, eager to explore the orchard with its newfound friend. Lily laughed with delight and followed, her heart brimming with joy.

As they played among the trees, Lily couldn't help but feel grateful for Appleton and his magical gift. She had found a friend in the most unexpected of places, all thanks to a whispered wish and a shiny red apple.

Meanwhile, high up in his branches, Appleton watched with a contented smile. He may have been just a tree, but he knew that his apples held the power to bring happiness and friendship to those who believed. And as long as he stood tall in the orchard, his magic would continue to spread far and wide.

From that day on, the children of Greenfield would gather beneath Appleton's branches, whispering their wishes and hoping for their dreams to come true. And though not every wish was granted, the magic of Appleton the tree lived on, a beacon of hope and wonder in the heart of Greenfield.

And so, the incredible adventures of Appleton the tree continued, his branches swaying in the breeze as he watched over the town and all who dwelled within it.

Las Magníficas Aventuras de Drake el Dragón

EN LAS COLINAS ONDULADAS del Valle Encantado, vivía un dragón bastante poco convencional llamado Drake. A diferencia de las temibles criaturas de la leyenda, Drake era un dragón con un corazón de oro y un gusto por las travesuras. Con escamas de esmeralda relucientes y alas que brillaban como fuego derretido, era un espectáculo digno de contemplar.

La cueva de Drake era un lugar acogedor, ubicado al pie de la montaña más alta del valle. Desde su posición elevada sobre las copas de los árboles, podía ver millas a la redonda, vigilando la tierra con ojo avizor.

Ahora, Drake no era tu dragón típico. Mientras que otros pasaban sus días aterrorizando a los aldeanos y acumulando tesoros, a Drake le gustaba más explorar el Valle Encantado y meterse en todo tipo de problemas.

Una soleada mañana, mientras Drake volaba entre las nubes, vio a un grupo de niños jugando en un prado debajo. Sus risas resonaban en el valle, y Drake no pudo evitar sentirse atraído por sus alegres travesuras.

Con un elegante planeo, Drake aterrizó en el prado, sus alas plegándose ordenadamente contra sus costados. Los niños detuvieron su juego y lo miraron con asombro al ver a la magnífica criatura ante ellos.

"¡Hola, pequeñuelos!" dijo Drake con una sonrisa amistosa. "¿Qué están haciendo en este hermoso día?"

Los niños miraron a Drake, sus ojos llenos de asombro. "¡Estamos jugando a caballeros y princesas!" exclamó una de las niñas, su voz llena de emoción.

"Bueno, resulta que sé un par de cosas sobre caballeros y princesas," respondió Drake, con los ojos brillando traviesamente. "¿Quizás podría unirme a su juego?"

Los niños vitorearon con deleite, y pronto Drake se vio envuelto en una épica batalla contra enemigos imaginarios. Con un movimiento de su cola y una ráfaga de aliento de fuego, venció a dragones y rescató damiselas en apuros, para deleite de sus jóvenes compañeros.

A medida que pasaba el día, Drake y los niños jugaban en el prado, sus risas resonaban en todo el valle. Persiguieron mariposas, treparon árboles y compartieron historias de aventuras atrevidas.

Pero cuando el sol comenzó a ponerse, Drake supo que era hora de despedirse de sus nuevos amigos. Con el corazón apesadumbrado, extendió sus alas y se preparó para emprender el vuelo.

"¡Adiós, pequeñuelos!" llamó Drake, su voz teñida de tristeza. "Gracias por un maravilloso día de aventura y diversión."

Los niños le hicieron señas de despedida mientras Drake se elevaba en el cielo, desapareciendo en el horizonte con un último aleteo de sus alas. Y aunque sabían que nunca olvidarían su encuentro con el magnífico dragón, también sabían que habría muchas más aventuras por venir en el Valle Encantado.

Mientras Drake volaba de regreso a su cueva, no pudo evitar sonreír al recordar las travesuras del día. Podía ser un dragón, pero había descubierto que había más en la vida que acumular

tesoros y causar caos.

A partir de ese día, Drake continuó recorriendo el Valle Encantado, llevando alegría y risas dondequiera que iba. Y aunque podía ser un dragón, también era amigo de todos los que habitaban en aquella tierra mágica.

Y así, las magníficas aventuras de Drake el Dragón continuaron, su espíritu ardiente iluminando el Valle Encantado por muchos años más.

The Magnificent Adventures of Drake the Dragon

IN THE ROLLING HILLS of the Enchanted Valley, there lived a rather unconventional dragon named Drake. Unlike the fearsome creatures of legend, Drake was a dragon with a heart of gold and a penchant for mischief. With shimmering emerald scales and wings that glowed like molten fire, he was a sight to behold.

Drake's home was a cozy cave nestled at the foot of the tallest mountain in the valley. From his perch high above the treetops, he could see for miles around, watching over the land with a keen eye.

Now, Drake wasn't your typical dragon. While others spent their days terrorizing villagers and hoarding treasure, Drake preferred to spend his time exploring the Enchanted Valley and getting into all sorts of mischief.

One sunny morning, as Drake soared through the clouds, he spotted a group of children playing in a meadow below. Their laughter echoed through the valley, and Drake couldn't help but be drawn to their joyous antics.

With a graceful swoop, Drake landed in the meadow, his wings folding neatly against his sides. The children stopped their play and stared in awe at the magnificent creature before them.

"Hello, little ones!" Drake said with a friendly grin. "What are you all up to on this fine day?"

The children gazed up at Drake, their eyes wide with wonder. "We're playing knights and princesses!" exclaimed one of the girls, her voice filled with excitement.

"Well, I happen to know a thing or two about knights and princesses," replied Drake, his eyes twinkling mischievously. "Perhaps I could join in your game?"

The children cheered with delight, and soon Drake found himself embroiled in an epic battle against imaginary foes. With a flick of his tail and a blast of fiery breath, he vanquished dragons and rescued damsels in distress, much to the delight of his young companions.

As the day wore on, Drake and the children frolicked in the meadow, their laughter ringing out across the valley. They chased butterflies, climbed trees, and shared stories of daring adventures.

But as the sun began to set, Drake knew it was time to bid farewell to his newfound friends. With a heavy heart, he spread his wings and prepared to take flight.

"Goodbye, little ones!" called Drake, his voice tinged with sadness. "Thank you for a wonderful day of adventure and fun."

The children waved goodbye as Drake soared into the sky, disappearing into the horizon with a final flap of his wings. And though they knew they would never forget their encounter with the magnificent dragon, they also knew that there would be many more adventures to come in the Enchanted Valley.

As Drake flew back to his cave, he couldn't help but smile at the memories of the day's escapades. He may have been a dragon, but he had discovered that there was more to life than hoarding treasure and causing chaos.

From that day on, Drake continued to roam the Enchanted Valley, spreading joy and laughter wherever he went. And though he may have been a dragon, he was also a friend to all who dwelled in the magical land.

And so, the magnificent misadventures of Drake the Dragon continued, his fiery spirit lighting up the Enchanted Valley for years to come.

9 798227 849861